CATALOGUE

DE

TABLEAUX

MODERNES

DÉPENDANT DE LA

COLLECTION DE M. D***

DONT LA VENTE AURA LIEU

HOTEL DROUOT, SALLE N° 8

Le Jeudi 16 Février 1882

à deux heures

COMMISSAIRE-PRISEUR

Me PAUL CHEVALLIER, Succr de Me CHARLES PILLET

10, rue de la Grange-Batelière

EXPERT : M. GEORGES PETIT, 7, rue Saint-Georges.

Chez lesquels se trouve le présent Catalogue.

EXPOSITIONS

PARTICULIÈRE	PUBLIQUE
Le mardi 14 février 1882	*Le mercredi 15 février 1882*

De 1 heure à 5 heures.

CONDITIONS DE LA VENTE

Elle sera faite au comptant

Les adjudicataires payeront cinq pour cent en sus des enchères.

Paris. — Imprimerie Pillet et Dumoulin, 5, rue des Grands-Augustins.

TABLEAUX

AQUARELLES ET DESSINS

DÉSIGNATION

ANASTASI

1 — *Paysage de Hollande.*

Aquarelle.

BERGERET

2 — *Fleurs.*

Haut., 30 cent.; larg., 41 cent.

BERGERET

3 — *Oiseaux morts.*

Haut., 20 cent ; larg., 30 cent

BONINGTON

4 — *Pêcheurs.*

Aquarelle.

BOUDIN

5 — *Marine.*

Haut., 48 cent.; larg., 56 cent.

BRISSOT

6 — *La Rentrée des moutons.*

Aquarelle.

CHINTREUIL

7 — *Paysage, effet de soleil couchant.*

Haut., 48 cent.; larg., 28 cent.

DE COCK

(CÉSAR)

8 — *Paysage, dessous de bois.*

Haut., 68 cent.; larg., 48 cent.

DE COCK

(CÉSAR)

9 — *Paysage, forêt.*

Haut., 68 cent.; larg., 48 cent.

COROT

10 — *Paysage.*

Dessin au crayon noir.

COROT

11 — *Les Chênes, paysage.*

Haut., 47 cent.; larg., 63 cent.

COROT

12 — *Les Ruines, paysage.*

Haut., 25 cent.; larg., 34 cent.

COROT

13 — *La Lecture, figure.*

Haut., 30 cent.; larg., 40 cent.

COROT

14 — *La Musique, figure.*

Haut., 38 cent.; larg., [illegible] cent.

COROT

15 — *La Rêverie, figure.*

Haut., 93 cent.; larg., 62 cent.

COURBET

16 — *Baigneuse.*

Signé à droite avec ces mots : A mon ami Murger.

Haut., 42 cent.; larg., 28 cent.

DAUBIGNY

17 — *Paysage.*

Haut., 26 cent.; larg., 43 cent.

DAUBIGNY

18 — *Château-Gaillard.*

Haut., 46 cent.; larg., 81 cent

DAUBIGNY

19 — *Clair de lune.*

DAUMIER

20 — *Les Saltimbanques.*

Aquarelle.

DAUMIER

21 — *Le Malade entre les deux medecins.*

Dessin à la plume.

DELACROIX

(EUGÈNE)

22 — *Le Triomphe de Trajan.*

Esquisse du tableau du musée de Rouen.

Haut., 58 cent.; larg., 45 cent.

DESHAYES

23 — *Payage, effet de neige.*

Haut., 29 cent ; larg., 36 cent.

DURANDEAU

24 — *Les Huissiers.*

Dessin à la plume.

EISEN

25 — *L'Amour médecin.*

Haut., 28 cent.; larg., 20 cent.

FORTUNY

26 — *Le Guitariste.*

Aquarelle.

FORTUNY

27 — *La Méditation.*

Aquarelle.

FORTUNY

28 — *Enfants après le bain.*

Haut., 19 cent.; larg., 13 cent.

FORTUNY

29 — *Une Sentinelle arabe.*

Haut., 20 cent.; larg., 15 cent.

FORTUNY

30 — *Porte de mosquée, Espagne.*

Haut., 60 cent.; larg., 75 cent.

FRAGONARD

31 — *Scène galante.*

Vente Henri Didier.

Haut., 24 cent.; larg., 18 cent.

GERVEX

32 — *Nana.*

Haut., 53 cent.; larg., 30 cent.

GOYA

33 — *La Révolte en Espagne.*

Haut., 26 cent.; larg., 33 cent.

GRANET

34 — *Intérieur de cuisine.*

Haut., 30 cent.; larg., 37 cent.

GUIGNET

35 — *La Sentinelle.*

Effet de lune.

GUDIN

(THÉODORE)

36 — *Marine.*

Effet de soleil.

Haut., 25 cent.; larg., 30 cent.

GUDIN

(THÉODORE)

37 — *Les Baraques.*

Haut., 22 cent.; larg., 30 cent.

HARPIGNIES

38 — *La Clairière, paysage.*

Haut., 45 cent.; larg., 62 cent.

HARPIGNIES

39 — *Le Bord de l'eau.*

Haut., 31 cent.; larg., 40 cent.

HARPIGNIES

40 — *Paysage d'automne.*

Aquarelle.

HARPIGNIES

41 — *Effet de neige.*

Aquarelle.

HUMBERT

42 — *Mauresque.*

Haut., 54 cent.; larg., 64 cent.

JACQUE

(CHARLES)

43 — *Moutons en forêt.*

Avec ces mots écrits par le peintre derrière la toile : Peint pour M. Alex. Dumas fils.

Ch. Jacque.

Haut., 76 cent.; larg., 97 cent.

JACQUE

(CHARLES)

44 — *Moutons en plaine.*

Haut., 43 cent.; larg. 68 cent.

JAPY

45 — *Paysage.*

Haut., 38 cent.; larg., 58 cent.

JONGKIND

46 — *Le Grand Montrouge.*

Haut., 45 cent.; larg., 55 cent.

HARPIGNIES

47 — *Marine (Hollande).*

Haut., 33 cent.; larg., 43 cent.

LANSYER

48 — *Marine (Bretagne).*

Haut. 27 cent.; larg., 36 cent.

LANSYER

49 — *Paysage.*

Haut., 34 cent.; larg., 48 cent.

LAPOSTOLET

50 — *Vue de Dieppe.*

Haut., 63 cent.; larg., 90 cent.

LAUGÉE

51 — *La Lecture.*

Haut., 44 cent.; larg., 38 cent.

Mme MADELEINE LEMAIRE

52 — *Giroflées.*

Aquarelle.

LEMOINE

53 — *Le Repos du faune.*

Haut., 48 cent.; larg., 30 cent.

LÉPINE

54 — *Marine.*

Haut., 20 cent.; larg., 33 cent.

LÉVY
(ÉMILE)

55 — *Diane.*

Haut., 20 cent.; larg., 11 cent.

LOCRÉ
(LÉON)

56 — *L'Album.*

Aquarelle.

MARILHAT

57 — *Paysage d'Orient.*

Ébauche.

Haut., 30 cent.; larg., 53 cent.

MÉRY

58 — *Les Lapins.*

Aquarelle

MICHEL

59 — *Une Plage.*

Haut., 30 cent.; larg., 43 cent.

MICHEL

60 — *Les Carrières.*

Haut., 51 cent.; larg., 62 cent.

MILLET

(J.-F.)

61 — *Les Etoiles filantes.*

Haut., 18 cent.; larg., 33 cent.

MIRALLÈS

62 — *Femme d'Orient.*

Haut., 32 cent.; larg., 39 cent.

MIRALLÈS

63 — *Etude de femme.*

Haut., 63 cent.; larg., 49 cent.

MOUCHOT

64 — *Vue de Venise.*

Haut., 28 cent.; larg., 40 cent.

DE PAAL

65 — *L'Etang. Paysage.*

Haut., 70 cent.; larg., 80 cent.

DE PAAL

66 — *Les Bouleaux, paysage.*

Haut., 80 cent.; larg., 56 cent.

PAPELEU

67 — *Marine.*

Haut., 33 cent.; larg., 48 cent.

PELOUSE

68 — *Paysage.*

Haut., 60 cent.; larg. 72 cent.

PILLE

69 — *Les Incroyables.*

Dessin à la plume.

POLLET

70 — *Une Danaïde.*

Aquarelle.

PRUDHON

71 — *Etude de femme nue à mi-corps.*

Dessin aux crayons noir et blanc sur papier bleuté.

Vente Boisfremont.

PRUDHON

72 — *Etude d'homme nu à mi-corps.*

Dessin aux crayons noir et blanc sur papier bleuté.
Vente Boisfremont.

RIBARZ

73 — *Paysage, effet de lune.*

Haut., 41 cent.; larg., 60 cent.

RIBARZ

74 — *Paysage, Hollande.*

Haut., 28 cent.; larg.. 45 cent.

RIBOT

75 — *Le Petit chantre.*

Haut., 24 cent. larg., 14 cent.

ROUSSEAU

(THÉODORE)

76 — *Paysage.*

Très beau dessin rehaussé de pastel.

ROUSSEAU

(THÉODORE)

77 — *Paysage.*

Effet d'automne.

Haut., 23 cent. ; larg., 32 cent.

ROUSSEAU

(PHILIPPE)

78 — *La Bouillabaisse.*

Haut., 65 cent.; larg., 85 cent.

ROZIER

79 — *Fleurs.*

Haut., 63 cent.; larg., 49 cent.

ROZIER

80 — *Fleurs.*

Haut., 63 cent.; larg., 49 cent.

SCHALL

81 — *La Belle cachette.*

Haut., 40 cent.; larg., 31 cent.

TROYON

82 — *Vaches au repos.*

Haut., 23 cent.; larg., 37 cent.

TROYON

83 — *Vaches au pâturage.*

Haut., 25 cent.; larg., 38 cent.

TROYON

84 — *Prairie avec vaches.*

Haut., 27 cent.; larg., 37 cent.

TROYON

85 — *L'Amour.*

TROYON

86 — *La Baigneuse.*

VERNET

(JOSEPH)

87 — *L'Orage.*

Haut., 29 cent.; larg., 45 cent.

VOLLON

88 — *Intérieur de boucherie.*

Haut., 88 cent.; larg., 65 cent.

VOLLON

89 — *Les Pamplemousses.*

Haut., 66 cent.; larg., 83 cent.

VOLLON

90 — *L'Homme à la pipe.*

Haut., 60 cent.; larg., 48 cent.

ZIEM

91 — *Intérieur d'église.*

Haut., 27 cent.; larg., 21 cent.

www.ingramcontent.com/pod-product-compliance
Ingram Content Group UK Ltd.
Pitfield, Milton Keynes, MK11 3LW, UK
UKHW032022260826
14628UKWH00006B/2668

9 782329 530642